Stephanie Just

VEGAN BACKEN *für* Weihnachten

Die besten Plätzchen, Kekse und Desserts

Tragen Sie sich jetzt unter
www.vegetarisch-und-vegan.de
für unseren Newsletter ein und erhalten
Sie zu neuen Veröffentlichungen
Leseproben und kostenlose Rezepte!

Inhalt

Vorwort

Es ist mir wichtig, an Tierwohl und Umwelt zu denken. Und gerade beim Backen kann man wunderbar auf tierische Zutaten verzichten. Denn es gibt großartige pflanzliche Produkte und Alternativen zu Milch, Ei und Co.

Als ich angefangen habe, Rezepte auszuprobieren und zu veganisieren, war es für mich ganz besonders wichtig, dass die gebackenen Plätzchen und Kuchen in Konsistenz und Geschmack nicht anders sind als die Originale.

Bei meinen Experimenten habe ich interessante Produkte entdeckt und möchte meine Erfahrungen nun gerne mit dir teilen.

Ich stelle dir hier eine Auswahl meiner Lieblingsplätzchen und -kuchen vor, die, wie ich finde, unbedingt in die Vorweihnachtszeit gehören und die schönste Zeit im Jahr noch ein bisschen schöner machen.

Ich hoffe, dass du Spaß beim Ausprobieren hast und dass dir das Ergebnis schmecken wird.

Vegane Alternativen beim Backen

Butter

Ich habe viele unterschiedliche Anbieter und Zusammensetzungen getestet. Und bei den meisten habe ich, was die Backeigenschaft betrifft, Nachteile erkannt. Letztlich bin ich bei einer veganen Alternative gelandet, die auf Basis von Sheabutter und zwei oder drei weiteren Fetten hergestellt ist. Sheabutter ist dabei aber anscheinend unverzichtbar, denn alle anderen Produkte, bei denen diese nicht enthalten ist, haben mich vom Ergebnis nicht überzeugt.

Mit diesen Butteralternativen habe ich die besten Resultate erzielt und die Backeigenschaft ist wie die von tierischer Butter. Du bekommst diese Alternativen in Biomärkten, Reformhäusern oder online.

Ei-Ersatz

Statt Ei Apfelmus, Banane oder Kichererbsenmehl zu verwenden, finde ich eher nicht ideal. Denn zum einen gibt das Obst eine weiche, zähe Konsistenz, die gerade bei Plätzchen nicht

erwünscht ist. Zum anderen haben diese Produkte einen deutlichen Eigengeschmack. Und wer möchte schon Weihnachtsplätzchen essen, die am Ende hauptsächlich nach Banane oder Kichererbse schmecken? Leinsaat oder Chiasamen sind für feines Gebäck ebenfalls ungeeignet.

Am besten funktioniert meines Erachtens Sojamehl. Denn es hat praktisch keinen Eigengeschmack und verfälscht daher die Backwaren nicht. Zum anderen ist es unproblematisch zu verarbeiten, und eure Kekse werden so, wie sie sein sollen – knusprig und lecker!

Anstelle von Eiweiß kannst du, zum Beispiel für Royal Icing, wunderbar rein pflanzlichen Eiweiß-Ersatz nehmen.

Schokolade

Zartbitterschokolade und -kuvertüre sind von Natur aus bereits vegan. Um aber ganz sicherzugehen, dass keine Spuren von Milchprodukten enthalten sind, gibt es in Biomärkten als vegan deklarierte Schokolade. Du kannst auch Schokolade aus Reis-, Hafer- oder Sojadrink wählen, wenn du eine hellere, nicht ganz so bittere Alternative bevorzugst.

Milch und Milchprodukte

Hier gibt es mittlerweile einen großen Markt. In beinahe jedem Supermarkt und sogar bei Discountern bekommt man Pflanzendrinks und pflanzliche Joghurts. Auch Frischkäse- und Quarkalternativen auf Mandel-, Kokos-, Cashew- oder Sojabasis stehen in den Kühlungen. Alle Produkte sind großartig zum Backen geeignet und

lassen sich wunderbar verarbeiten. Für Cremefüllungen oder Käsekuchen habe ich gute Ergebnisse mit Seidentofu erzielt. Nichtveganer haben keinen Unterschied geschmeckt.

Sahneersatz ist als Schlagcreme erhältlich und wirklich empfehlenswert.

Dicken und Festigen

Sahnesteif, San-apart, Puddingpulver und Johannisbrotkernmehl sind von Natur aus vegan und leisten großartige Arbeit, wenn es um Festigkeit geht. Agar Agar als Gelatine-Alternative gibt es von verschiedenen Herstellern.

Rezepte

Weihnachtliche Cupcakes mit alkoholfreien Glühweinkirschen und Zimtbuttercreme

In Kombination mit Frucht ist Glühwein richtig gut. Daher kommen in meine Cupcakes Glühweinkirschen und eine himmlische Zimtbuttercreme obenauf.

....

FÜR 12 CUPCAKES

....

Zutaten :

Für die Glühwein-kirschen:

1 kleines Glas entsteinte
  Sauerkirschen
  (185 g Abtropfgewicht)
50 g Rohrzucker
1 Beutel Glühweingewürz

Für den Teig:

130 g vegane Butter
140 g Rohrzucker
1 Beutel (5 g) Bio-
  Orangenschale
1 TL gem. Vanille
220 g Weizenmehl
2 leicht gehäufte TL
  Backpulver
6 gestr. EL Sojamehl
6–7 EL Wasser
150 ml Kirschsaft (von
  den Kirschen)
50 ml Pflanzendrink

1. Die Kirschen mit ihrem Saft, Zucker und dem Glühweingewürz in einen Topf geben und aufkochen lassen. Den Herd ausschalten und Kirschen 30 Minuten ziehen lassen. Durch ein Sieb abgießen, dabei den Saft auffangen, 150 ml abmessen, und Kirschen abtropfen lassen.

2. Backofen auf 180 °C Ober-/Unterhitze vorheizen und ein Muffinblech mit Papierförmchen auslegen.

3. Für den Teig veganen Butter, Zucker, Orangenschale und Vanillepulver in eine Schüssel geben und mit dem Handrührgerät schaumig rühren. Mehl in einer zweiten Schüssel mit dem Backpulver mischen. Sojamehl in einer Tasse mit dem Wasser verrühren. Mehl- und Sojamehlmischung mit dem Kirschsaft und dem Pflanzendrink zu der Butter-Zucker-Mischung geben und verrühren.

4. Den Teig gleichmäßig auf die Förmchen verteilen. In jedes Förmchen mittig 3 Kirschen setzen und leicht in den Teig drücken. Muffins 22–25 Minuten im Ofen backen (Stäbchenprobe!), dann komplett auskühlen lassen.

Für die Buttercreme:

200 g vegane Butter
250 g Puderzucker
80 g veganer Frischkäse
1 gestr. TL gem. Zimt
½–¾ Päckchen San-
    apart

5. Für die Creme die vegane Butter in einer Schüssel mit dem Handrührgerät cremig aufschlagen. Den Puderzucker dazugeben und unterrühren. Veganen Frischkäse und Zimt untermischen. Zum Schluss San-apart unter Rühren löffelweise zugeben, bis die Creme eine feste Konsistenz hat und mit dem Spritzbeutel verarbeitet werden kann. Creme in einen Spritzbeutel mit großer Sterntülle füllen und auf die abgekühlten Muffins spritzen. Bis zum Servieren im Kühlschrank aufbewahren.

Vanillekipferl

Mit das Wichtigste war für mich bei der Rezeptentwicklung, dass gerade die Plätzchen so knusprig werden wie die Originale. Und das ist mir, wie ich finde, wunderbar gelungen. Das Geheimnis dabei ist, dass du eine gute Butteralternative verwendest (siehe Seite 5).

....

FÜR CA. 20 STÜCK

....

Zutaten :

Für den Teig:

2 EL Sojamehl
2 EL Wasser
200 g Weizenmehl
100 g gem. Mandeln
100 g Zucker
1 TL gem. Vanille
150 g kalte vegane Butter

Zum Bestäuben:

50 g Puderzucker
¼ TL gem. Vanille

1. Ein Backblech mit Backpapier auslegen und den Backofen auf 180 °C Ober-/Unterhitze vorheizen.

2. Für den Teig Sojamehl in einer Tasse mit dem Wasser verrühren. Dann mit Mehl, Mandeln, Zucker, Vanillepulver und veganer Butter in eine Schüssel geben und mit dem Handrührgerät zu einem geschmeidigen Teig verarbeiten.

3. Den Teig in etwa 20 gleich große Stücke zerteilen. Jedes Teigstück zu einer Kugel rollen und dann mit der Handfläche einen 11 cm langen Strang formen, der in der Mitte eine Verdickung hat und zu den Enden hin dünner wird. Kipferl mit etwas Abstand zueinander auf das Backblech legen. Kipferl 15 Minuten im Ofen backen, bis sie am Rand ein wenig Farbe annehmen. Aus dem Ofen holen, auf dem Blech komplett auskühlen lassen und erst dann vom Backpapier lösen. Puderzucker und Vanille in einer Schüssel vermischen und auf die Kipferl sieben.

Winter-Crossies

Wer kennt sie nicht, die mit Schokolade ummantelten Cornflakes? Um sie etwas aufzupeppen und sie adventstauglich zu machen, sind noch Nüsse, Mandeln und Gewürze zugefügt. So haben sie sich ihren Platz zwischen dem anderen Weihnachtsgebäck auf jeden Fall verdient

....

FÜR 2 BACKBLECHE

....

Zutaten:

300 g Zartbitter-
   schokolade
½ Würfel Palmin
150 g Cornflakes
50 g gehobelte Mandeln
50 g gehackte Haselnüsse
1 Beutel (5 g) Bio-
   Orangenschale
1 TL gem. Zimt
¼ TL gem. Kardamom
1 Messerspitze gem.
   Nelken
½ TL gem. Vanille
70 g Puderzucker

1. Die Schokolade grob zerbrechen, mit dem Palmin in eine Metall- oder Glasschüssel geben und im heißen Wasserbad schmelzen.

2. Währenddessen 2 Backbleche mit Backpapier auslegen.

3. In einer großen Schüssel Cornflakes, Mandeln, Haselnüsse, Orangenschale und Gewürze vermischen.

4. Die Schüssel mit der geschmolzenen Schokolade zur Seite stellen, den Puderzucker hineinsieben und rühren, bis er sich komplett aufgelöst hat. Schokolade über die Cornflakes geben und mit einem Silikonlöffel so lange vorsichtig umrühren, bis die Cornflakes komplett mit Schokolade überzogen sind.

5. Mit einem Teelöffel kleine Häufchen von der Schokomasse abstechen, auf die Backbleche setzen und gegebenenfalls etwas zurechtschieben. Komplett trocknen lassen.

Vanillekipferl-Cheesecake

Hier ist der Name Programm. Vanillekipferl stecken im Boden, in der Füllung und natürlich kommen sie auch als Deko on top. Die Füllung ist durch den verwendeten Seidentofu so herrlich cremig, dass niemand ahnen kann, dass der Kuchen vegan ist.

FÜR 1 CHEESECAKE MIT Ø 20 CM

Zutaten:

1 Rezept Vanillekipferl
(siehe Seite 11)
Fett für die Form

Für den Boden:

7 Vanillekipferl
80 g vegane Butter
2 TL Johannisbrot-
kernmehl

Für die Füllung:

400 g Seidentofu
150 g veganer, unge-
süßter Sahneersatz
200 g veganer Frischkäse
160 g Zucker
1 EL gem. Vanille
2 Päckchen Vanille-
puddingpulver
50 ml Pflanzendrink
4 Vanillekipferl

Für das Topping:

200 ml gesüßter
Sahneersatz
gem. Vanille
restliche Vanillekipferl

1. Die Vanillekipferl wie im Rezept angegeben zubereiten.

2. Eine Springform auf dem Boden mit Backpapier auslegen, den Rand leicht einfetten.

3. Für den Teig Vanillekipferl mit einem Nudelholz zwischen 2 Blättern Backpapier fein zermahlen. Die vegane Butter in einem Topf schmelzen und mit den zerdrückten Kipferln und dem Johannisbrot-kernmehl in einer Schüssel vermischen. Teig in die Form geben, gleichmäßig auf dem Boden verteilen und leicht andrücken.

4. Backofen auf 180 °C Ober-/Unterhitze vorheizen

5. Für die Füllung den Seidentofu mit der Flüssigkeit, Sahneersatz, veganem Frischkäse, Zucker und Vanille in eine Schüssel geben und mit dem Hand-rührgerät glatt rühren. Das Puddingpulver in einer kleinen Schüssel mit dem Pflanzendrink verrühren und zur Füllung geben. Die Kipfel grob zerbrechen und vorsichtig unter die Masse heben. Füllung in die Springform gießen und glatt streichen. Kuchen 60 Minuten im Ofen backen.

6. Nach Ende der Backzeit sollte die Füllung in der Mitte so hoch sein wie am Rand, dann ist der Kuchen perfekt. Die Masse ist noch sehr weich, festigt sich, aber wenn sie abkühlt!

7. Direkt nach dem Herausnehmen aus dem Ofen mit einem dünnen, scharfen Messer ringsherum die Cheesecake-Füllung vom Rand lösen. Den Kuchen in der Form komplett auskühlen lassen.

8. Für das Topping den Sahneersatz mit der gemahlenen Vanille in einer Schüssel steif schlagen und den Käsekuchen damit garnieren. Mit den restlichen Vanille-kipferln verzieren.

Lebkuchenmännchen

Sie gehören auf jeden Fall in dieses Buch. Denn Lebkuchenmännchen findet man in der Weihnachtszeit bei mir in der gesamten Wohnung als Dekoobjekte. Sogar als Ohrringe habe ich welche. Aber am allerliebsten sind sie mir als leckeres Gebäck.

FÜR CA. 20 STÜCK, 8 CM GROSS

Zutaten:

Für den Teig:

1 EL Sojamehl
2 EL Wasser
100 g vegane Butter
240 g Weizenmehl
   plus mehr für die
   Arbeitsfläche
60 g Wonig
80 g feiner Rohrzucker
2 gestrichene TL
   Backkakao
1 EL Lebkuchengewürz
½ Päckchen Backpulver

Für den Guss:

1 TL Eiweißersatz
100 g Puderzucker
etwas Wasser

1. Für den Teig in einer Tasse Sojamehl mit dem Wasser verrühren. Die vegane Butter in Würfel schneiden. Sojamischung und vegane Butter mit den restlichen Zutaten in eine Schüssel geben und mit dem Handrührgerät zu einem geschmeidigen Teig verarbeiten. Mit der Hand zu einem flachen Teigstück drücken, dieses in Frischhaltefolie wickeln und 15 Minuten in den Kühlschrank legen.

2. 2 Backbleche mit Backpapier auslegen und den Backofen auf 180 °C Ober-/Unterhitze vorheizen.

3. Den Teig auf der bemehlten Arbeitsfläche 7 mm dick ausrollen und mit einem Ausstecher Lebkuchen-männchen ausstechen. Mit ein wenig Abstand zueinander auf die Bleche setzen und 10 Minuten im Ofen backen. Lebkuchenmännchen auf dem Blech komplett auskühlen lassen, erst dann vom Papier lösen, damit sie nicht zerbrechen.

4. Für den Guss Eiweißersatz und Puderzucker in einer Schüssel vermischen. Ein paar Tropfen Wasser einrühren und langsam mehr Wasser zugeben, bis ein glatter, zäher Guss entstanden ist. In eine kleine Spritztülle füllen und die Männchen damit dekorieren.

Spekulatius

Spekulatius gibt es jede Menge verschiedene – mit und ohne Mandeln, mit Gewürzen oder nur Butter. Ich finde alle lecker und habe hier für dich ein Basisrezept, das du nach Belieben noch kräftiger würzen kannst.

FÜR CA. 60 STÜCK

Zutaten:

- 100 g vegane Butter
- 150 g Weizenmehl plus mehr für die Arbeitsfläche
- 50 g gem. Mandeln
- 70 g Zucker
- 1 gehäufter TL Spekulatiusgewürz
- 1–2 EL Pflanzendrink

1. Vegane Butter in Würfel schneiden, mit den restlichen Zutaten in eine Schüssel geben und mit dem Handrührgerät zu einem glatten Teig verarbeiten. Teig mit der Hand flach drücken, in Frischhaltefolie wickeln und 60 Minuten in den Kühlschrank legen.

2. Den Backofen auf 180 °C Ober-/Unterhitze vorheizen und 2 Backbleche mit Backpapier auslegen.

3. Teig auf einer leicht bemehlten Arbeitsfläche 5 mm dick ausrollen und entweder mit Formen ausstechen oder ein Präge-Rollholz verwenden (hierfür das Holz vorher mit Mehl bestäuben).

4. Spekulatius auf die Bleche verteilen und 10–12 Minuten im Ofen backen.

Haselnusskugeln

Die kleinen Kugeln sind ideal für alle, die keine Lust darauf haben, lange in der Küche zu stehen und Teig auszustechen. Sie werden nicht einmal gebacken. Trotzdem schmecken sie nach den typischen Weihnachtsgewürzen und lassen sich auch wunderbar verschenken.

....

FÜR CA. 20 STÜCK

....

Zutaten:

- 140 g gem. Haselnüsse
- 150 g kalte vegane Butter
- 40 g Backkakao
- 40 g Rohrzucker
- 120 g Zucker
- 130 g Instant-Hafer-flocken
- ½ TL gem. Vanille
- ½ TL Spekulatius-Gewürz
- 1 EL Haferdrink
- ¼ TL gem. Zimt
- 1 EL Puderzucker

1. Die Haselnüsse in einer beschichteten Pfanne ohne Öl rösten, bis sie zu duften beginnen. Auf einem Geschirrtuch ausbreiten und abkühlen lassen.

2. Die vegane Butter in Würfel schneiden. 40 g Haselnüsse abmessen und mit veganer Butter, Kakao, Zucker, Haferflocken, Vanille, Spekulatiusgewürz und Haferdrink in eine Schüssel geben. Mit dem Handrührgerät zu einem Teig verkneten. Abgedeckt im Kühlschrank 30 Minuten kalt stellen.

3. Mit einem Teelöffel etwas Teig abnehmen und mit den Händen Kugeln daraus formen (am besten Einmalhandschuhe tragen).

4. Die restlichen Haselnüsse auf einem Teller mit Zimt und Puderzucker vermischen. Die Kugeln durch die Mischung rollen, bis sie ganz damit bedeckt sind.

Mandel-Schokoladen-Fudge

Fudge ist eigentlich ein Karamell-Konfekt. Es lässt sich aber auch mit Schokolade zubereiten und ist dann für Schokofans ein Traum. In meinem weihnachtlichen Rezept treffen Wonig und Mandelmus auf dunkle Kuvertüre und gebrannte Mandeln. Achtung, wer einmal angefangen hat zu naschen, kann schnell süchtig werden!

....

FÜR 1 RECHTECKIGE FORM MIT 20 X 20 CM LÄNGE

....

Zutaten:

25 g Kokosnusscreme
2 EL Wasser
300 g dunkle Kuvertüre
80 g Puderzucker
60 g Wonig
60 g helles Mandelmus
½ TL gem. Zimt
½ TL gem. Vanille
100 g gebrannte Mandeln

1. Die Form mit Backpapier auslegen.

2. Kokosnusscreme in eine Schüssel füllen und mit dem Wasser verrühren.

3. Kuvertüre grob hacken, in eine Glas- oder Metallschüssel geben und im heißen Wasserbad schmelzen. Die Schüssel beiseite stellen, den Puderzucker hineinsieben und so lange verrühren, bis er sich aufgelöst hat.

4. Wonig, Mandelmuss, angerührte Kokosnusscreme und Gewürze dazugeben und zu einer glatten Creme verrühren.

5. Die gebrannten Mandeln hacken und mit einem Silikonlöffel unter die Schokomasse heben (ein paar Mandelstücke zum Garnieren beiseite legen). Masse in die Form füllen und glatt streichen. Mit der Form 2 oder 3 Mal auf den Tisch klopfen, um eventuelle Luftbläschen zu entfernen.

6. Die restlichen gehackten gebrannten Mandeln auf die Masse streuen und Form 3–4 Stunden oder über Nacht in den Kühlschrank stellen. Danach Fudge mit dem Backpapier aus der Form heben und nach Belieben in Stücke schneiden.

Saftige Kokosmakronen

Kokosmakronen müssen innen noch saftig, aber außen fest und ein wenig gebräunt sein. Dann sind sie perfekt. Normalerweise sorgt für diese Konsistenz das Eiweiß. Nach einigem Experimentieren sind mir vegane Kokosmakronen gelungen, die sogar noch viel besser schmecken als die nach unserem bewährten Familienrezept.

....

FÜR CA. 20 STÜCK

....

Zutaten:

- 25 g Kokosnusscreme
- 2 EL Wasser
- 70 g veganer Quark
- 100 g Puderzucker
- 1 Msp. Weinstein-
  backpulver
- ½ EL Sojamehl
- 200 g Koksraspel
- 100 g dunkle Kuchen-
  glasur

1. Ein Backblech mit Backpapier auslegen und den Backofen auf 180 °C Ober-/Unterhitze vorheizen.

2. Kokosnusscreme in einer Schüssel mit dem Wasser verrühren. Dann mit den restlichen Zutaten (außer der Kuchenglasur) in eine Schüssel geben und mit dem Handrührgerät zu einer festen Masse verarbeiten.

3. Mit 2 Teelöffeln etwas Teig abnehmen und gleichmäßige Makronen auf das Backblech setzen. Wer mag, »lockert« den Teig noch etwas auf, damit die Makronen später fluffiger aussehen.

4. Blech in den Ofen schieben und Makronen 10–15 Minuten backen, bis sie etwas Farbe angenommen haben. Aus dem Ofen holen und auf dem Backblech komplett auskühlen lassen.

5. Die Glasur nach Anleitung schmelzen, in eine kleine Schüssel füllen und die Makronen mit dem Boden hineintauchen, etwas abtropfen lassen und auf Backpapier trocknen lassen.

Dattel-Cookies

Es muss ja nicht immer nur Althergebrachtes sein, auch wenn jeder diese Klassiker liebt. Doch warum nicht mal über den Tellerrand schauen und etwas Neues ausprobieren? Diese Dattel-Cookies sind ein grandioser Beleg dafür, dass man ruhig mal mutiger sein darf. Sie schmecken exotisch, aber auch wunderbar nach Weihnachten.

....

FÜR 20 STÜCK

....

Zutaten :

- 250 g entkernte Datteln
- 150 g Mandelcreme mit Vanille
- 1 TL Vanilleextrakt
- ¼ TL gem. Kardamom
- ½ TL gem. Zimt
- 100 g Weizenmehl
- 50 g dunkle Kuvertüre
- Meersalzflocken

1. Den Backofen auf 180 °C Ober-/Unterhitze vorheizen und ein Backblech mit Backpapier auslegen.

2. Datteln, Mandelcreme und Gewürze in eine Schüssel geben und mit einem Stabmixer zu einer möglichst feinen Masse pürieren.

3. Das Mehl dazugeben und alles mit dem Handrührgerät zu einem glatten Teig verkneten.

4. Den Teig in etwa 20 gleich große Portionen aufteilen, jeweils eine Kugel daraus formen und auf das Backblech setzen. Kugeln mit einer in ein wenig Wasser getauchten Gabel flach drücken. Blech in den Ofen schieben und Cookies 13 Minuten backen. Aus dem Ofen nehmen und auskühlen lassen.

5. Die Kuvertüre grob zerkleinern, in eine Glas- oder Metallschüssel geben und in einem heißen Wasserbad schmelzen. Mit einem Teelöffel feine Schokostreifen über die Cookies träufeln und jeweils 1 Prise Salz daraufstreuen

Nussbutter-Ahornsirup-Küsschen

Ahornsirup und Walnüsse sind ein wahres Dreamteam, denn ihre Aromen harmonieren wunderbar. Dazu noch die gebräunte Nussbutter und die Schokolade – ein echter Keks-Traum, der bei mir ganz oft gebacken wird.

··

FÜR CA. 17 STÜCK

··

Zutaten:

- 110 g vegane Butter
- 140 ml Ahornsirup
- 100 g Rohrzucker
- 1 TL gem. Vanille
- ½ TL gem. Zimt
- 220 g Weizenmehl
- 1 TL Weinsteinbackpulver
- 1 TL Sojamehl
- 50 g gehackte Walnuss-kerne
- 100 g helle vegane Schokolade
- ¼ TL geschmacks-neutrales Kokosfett
- vegane Zuckerstreusel

1. Die vegane Butter in einem kleinen Topf sprudelnd schmelzen und unter Rühren bräunen lassen. Topf vom Herd nehmen und sofort Ahornsirup, Zucker, Vanille und Zimt einrühren. Abkühlen lassen.

2. Weizenmehl, Backpulver, Sojamehl und Nüsse in einer Schüssel vermischen. Die flüssigen Zutaten dazugeben und mit dem Handrührgerät zu einem glatten Teig verarbeiten.

3. Ein Backblech mit Backpapier auslegen und den Backofen auf 180 °C Ober-/Unterhitze vorheizen.

4. Den Teig in etwa 17 gleich große Portionen teilen und diese jeweils mit den Händen zu Kugeln formen. Mit einem ca. 2 cm breiten Löffelstiel, Glas o. Ä. jeweils eine Vertiefung in den Teig drücken. Wenn dabei durch die Nüsse die Seiten zu sehr aufplatzen, diese wieder zusammenschieben.

5. Küsschen 13 Minuten im Ofen backen, dann herausnehmen und auf dem Backblech auskühlen lassen.

6. Schokolade grob zerbrechen, mit dem Kokosfett in eine Metall- oder Glasschüssel geben und im heißen Wasserbad schmelzen. Mit einem Löffel Schokolade in die Vertiefungen in den Plätzchen träufeln. Kurz fest werden lassen und dann mit Zuckerstreuseln dekorieren.

Orangen-Pie

Wer mit einem neuen Rezept beim Adventssonntag mit Freunden oder Familie Eindruck schinden möchte, der sollte meinen Orangen-Pie servieren. Das Beste an ihm ist, dass er herrlich unkompliziert in der Herstellung ist, dennoch sorgt er garantiert für staunende und anerkennende Augen bei allen Gästen.

....

FÜR 1 PIE MIT Ø 24 CM

....

Zutaten:

½ Rezept Mürbeteig (Seite 46)
Fett für die Form
Mehl für die Arbeitsfläche

Für die Füllung:

750 ml frisch gepresster Orangensaft (ca. 1½ kg Saftorangen)
30 ml Amaretto
70–100 g Zucker je nach Süße der Orangen
2 Beutel Vanillepudding-pulver

Zum Garnieren:

150 g Zartbitter-schokolade mit Orange und Mandel
150 ml Sahneersatz zum Kochen
1 Bio-Orange

1. Den Mürbeteig wie im Rezept beschrieben zubereiten.

2. Den Backofen auf 180 °C Ober-/Unterhitze vorheizen. Eine Pie- oder flache, runde Auflaufform einfetten.

3. Den Teig auf der leicht bemehlten Arbeitsfläche ca. 7 mm dick ausrollen. Über das Nudelholz aufrollen und über der Form wieder abrollen. Mit dieser Methode wird ein Reißen des Teiges vermieden.

4. Teig andrücken. So abschneiden, dass er etwas über die Form hinauslappt. Den überstehenden Rand dann so unter den unteren Teil des Randes schieben, dass er bündig mit der Form anschließt.

5. Aus dem restlichen Teig mit Ausstechformen Plätzchen für die Dekoration des Pies ausstechen, auf ein Blech mit Backpapier legen und ca. 8 Minuten im Ofen backen, bis sie leicht Farbe bekommen.

6. Den Teigboden in der Form mit einer Gabel mehrmals einstechen, mit Backpapier auslegen und mit Hülsenfrüchten oder Backerbsen belegen. Teig 15 Minuten im Ofen blindbacken.

7. Papier und Hülsenfrüchte entfernen und Teig nochmals 10 Minuten backen. Dann aus dem Ofen nehmen und komplett auskühlen lassen.

8. Orangen auspressen, 750 ml abmessen und in einen Topf gießen. Amaretto und Zucker einrühren, dann 50 ml Saft abnehmen und in eine kleine Schüssel geben. Das Puddingpulver dazugeben und gut verrühren. Saft zum Kochen bringen, die Puddingpulvermischung zugeben und unter Rühren aufkochen und eindicken lassen. Masse auf den vorgebackenen Teig gießen und auskühlen lassen.

9. Schokolade fein hacken. Sahneersatz in einem kleinen Topf aufkochen. Topf vom Herd nehmen und die Schokolade einrühren. 3 Minuten stehen lassen und dann mit einem Schneebesen cremig rühren. Creme 5 Minuten abkühlen lassen. Währenddessen die Orange heiß abwaschen und in dünne Scheiben schneiden. Creme mittig auf den Pie geben, etwas verstreichen und Kuchen mit Orangen-scheiben und Plätzchen garnieren.

Schoko-Chai-Mandeln

So einfach und doch unglaublich lecker! Die gerösteten Mandeln mit der herben Schokoladenhülle sind ideal als süßer Snack, eignen sich aber auch wunderbar zum Verschenken. Und auf dem Plätzchenteller gebührt ihnen unbedingt ein Platz.

FÜR 400 G MANDELN

Zutaten:

- 400 g ungeschälte, ganze Mandeln
- 150 g gute Zartbitterschokolade
- 200 g Puderzucker
- ¼ TL gem. Zimt
- 1 ½ EL Instantpulver Chai Latte

1. Den Backofen auf 200 °C Ober-/Unterhitze vorheizen. Die Mandeln ohne Backpapier auf dem Blech verteilen und 10–15 Minuten im Ofen rösten, dabei mehrmals wenden. Wenn sie zu duften beginnen, sind sie fertig. Aus dem Ofen nehmen und 30 Minuten auskühlen lassen.

2. Währenddessen die Schokolade zerkleinern, in eine Metall- oder Glasschüssel geben und im heißen Wasserbad schmelzen. Puderzucker in eine Schüssel sieben und mit Zimt und Chai-Latte-Pulver vermischen.

3. Eine Schüssel mit Deckel bereitstellen. Die Mandeln in die Schüssel geben. Die Schokolade darüberträufeln und so lange rühren, bis alle Mandeln gut mit Schokolade bedeckt sind.

4. Den Puderzucker darüberstreuen und den Deckel aufsetzen. Die Schüssel mehrmals schütteln. Prüfen, ob alle Mandeln mit Puderzucker ummantelt sind, zusammengeklebte Mandeln voneinander trennen und Schüssel noch 2 oder 3 Mal schütteln.

5. Mandel auf einem mit Backpapier ausgelegten Backblech verteilen und Schokolade fest werden lassen.

Stollenkonfekt

Stollen gehört – in welcher Form auch immer – auf jeden Fall in jede weihnachtliche Rezeptsammlung! Für mich muss er ganz klassisch Rosinen, Mandeln, Zitronat und Orangeat beinhalten. Da ich auf komplizierte Rezepte verzichten möchte, habe ich mich für einen einfachen Quark-Öl-Teig entschieden. Wichtig ist hierbei nur, dass du das fertige Konfekt luftdicht verschlossen aufbewahrst, damit es nicht austrocknet!

....

FÜR CA. 20 STÜCK

....

Zutaten:

- 60 g Orangeat
- 60 g Zitronat
- 40 g Rosinen
- 4 EL Rum
- 400 g Weizenmehl
- 1 gehäufter EL Stollen-
  gewürz
- 1 Päckchen Backpulver
- 200 g veganer Quark
- 90 g Zucker
- 60 g Sonnenblumenöl
- 80 g Pflanzendrink
- 40 g gehackte Mandeln
- 50 g vegane Butter
- 250 g Puderzucker

1. Orangeat und Zitronat klein hacken. Mit den Rosinen und dem Rum in eine Schüssel geben, verrühren und mindestens 60 Minuten ziehen lassen.

2. Backofen auf 180 °C Ober-/Unterhitze vorheizen.

3. Mehl, Stollengewürz und Backpulver in einer Schüssel vermengen.

4. In einer zweiten Schüssel Quark, Zucker, Öl und Pflanzendrink mit dem Handrührgerät vermischen. Mehlmischung zufügen und alles zu einem glatten Teig verkneten.

5. Frucht-Rum-Mischung sowie gehackte Mandeln dazugeben und kurz unterkneten.

6. Mit einem Esslöffel kleine Teigportionen abnehmen und mit etwas Abstand zueinander auf ein mit Backpapier ausgelegtes Backblech setzen. Stollenkonfekt 13–15 Minuten im Ofen backen. Aus dem Ofen nehmen und komplett auskühlen lassen.

7. Die vegane Butter in einem Topf schmelzen und den Puderzucker in einen tiefen Teller sieben. Das Konfekt mit veganer Butter bestreichen und in Puderzucker wälzen.

8. In einem luftdicht verschlossenen Behälter aufbewahren.

Zimtsterne

Es gibt wohl niemanden, der sie nicht kennt! Zimtliebhaber kommen hier voll auf ihre Kosten. Im Originalrezept kommt eine dünne Baiserschicht auf die Sterne und wird mitgebacken. Aber die Variante mit Zuckerguss, die ich mir überlegt habe, finde ich auch sehr lecker. Wer einen traditionellen Guss bevorzugt, kann dazu Aquafaba oder Eiweißersatz verwenden.

....

FÜR CA. 45 STÜCK

....

Zutaten :

Für den Teig:

100 g Puderzucker
250 g gehackte Hasel-
    nüsse
100 g gem. Mandeln
1–1 ½ TL gem. Zimt, je
    nach Geschmack
50 ml Pflanzendrink
Mehl für die Arbeitsfläche

Für den Guss:

150 g Puderzucker
1 TL Pflanzendrink
gem. Zimt zum
    Bestäuben

1. 2 Backbleche mit Backpapier auslegen und den Backofen auf 180 °C Ober-/Unterhitze vorheizen.

2. Alle Zutaten für den Teig in eine Schüssel geben und mit dem Handrührgerät zu einem glatten Teig verkneten.

3. Den Teig auf der leicht bemehlten Arbeitsfläche 5 mm dick ausrollen und mit einer Ausstechform Sterne ausstechen. Sterne mit ein wenig Abstand zueinander auf die Bleche setzen und ca. 8 Minuten im Ofen backen. Aus dem Ofen nehmen und komplett auskühlen lassen.

4. Für den Guss den Puderzucker in eine kleine Schale sieben und mit dem Pflanzendrink zu einem zähen Guss verrühren. Am besten mit wenig Pflanzendrink beginnen und immer ein paar Tropfen dazugeben, bis die richtige Konsistenz erreicht ist.

5. Sterne mit dem Guss bestreichen und diesen trocknen lassen. Dann mit etwas Zimt bestäuben.

Elisenlebkuchen

Elisenlebkuchen sind für mich der Inbegriff von Weihnachtsgebäck. Der wunderbar gewürzte Teig weckt in mir immer schöne Kindheitserinnerungen. Meine Omi hat früher für jedes Familienmitglied an Heiligabend einen Teller mit Keksen, Schokolade und Marzipan zurechtgemacht. Und ich habe mir da die Elisenlebkuchen stets bis zuletzt aufgehoben, denn das Beste kommt bekanntlich zum Schluss.

....
FÜR CA. 30 STÜCK
....

Zutaten:

Für den Teig:

2 EL Sojamehl
4 EL Pflanzendrink
100 g brauner Zucker
100 g Zucker
70 g gem. Mandeln
150 g gem. Haselnüsse
1 ½ TL Lebkuchengewürz
30 g Orangeat
30 g Zitronat
1 gehäufter EL Backkakao
Backoblaten

Zum Garnieren:

100 g Puderzucker
1 TL Pflanzendrink
30 halbierte, geschälte
   Mandeln

1. Sojamehl und Pflanzendrink in einer Tasse verrühren. Mit den restlichen Teigzutaten (außer den Oblaten) in eine Schüssel geben und mit dem Handrührgerät zu einem glatten Teig verkneten. Den Teig in Frischhaltefolie wickeln und 30 Minuten in den Kühlschrank legen.

2. 2 Backbleche mit Backpapier auslegen und den Backofen auf 170 °C Ober-/Unterhitze vorheizen.

3. Mit einem Teelöffel walnussgroße Teigportionen abnehmen und jeweils auf eine Oblate streichen. Teig etwas in Form bringen und Oblaten auf die Bleche setzen. Lebkuchen 18–20 Minuten im Ofen backen. Dann herausnehmen und komplett auskühlen lassen.

4. Puderzucker in eine Schüssel sieben und mit dem Pflanzendrink zu einem zähen Guss verrühren. Die Lebkuchen kopfüber in den Guss tauchen, abtropfen lassen und zum Trocknen auf ein Backpapier setzen. Mit den Mandelhälften garnieren.

Nuss-Frucht-Cantuccini

Kennst du dieses italienische Mandelgebäck? Ich liebe es, diese trockenen, festen Cantuccini in eine Tasse Kaffee oder Tee zu dippen. Meine fruchtige und nussige Variante mit einem Hauch aromatischer Gewürze schmeckt ein bisschen anders, aber ebenfalls wirklich großartig.

....

FÜR CA. 20 STÜCK

....

Zutaten:

- 2 EL Sojamehl
- 5 EL Pflanzendrink
- 265 g Weizenmehl
- 1 TL Backpulver
- 100 g Rohrzucker
- 50 g Zucker
- 25 g weiche vegane Butter
- 1 TL gem. Zimt
- ¼ TL gem. Anis
- ½ TL gem. Kardamom
- 100 g gemischte Nüsse (Pistazien, Mandeln, Haselnuss- oder Walnusskerne)
- 100 g gemischte getr. Früchte (Cranberrys, Aprikosen und Datteln)

1. Sojamehl in einer Schüssel mit 3 EL Pflanzendrink verrühren. Mischung mit Mehl, Backpulver, Zucker, veganer Butter, dem restlichen Pflanzendrink und den Gewürzen in eine Schüssel geben und mit dem Handrührgerät zu einem glatten Teig verkneten.

2. Die Nüsse und die getrockneten Früchte grob hacken, zum Teig geben und unterkneten.

3. Den Teig zu einer Rolle mit etwa Ø 6 cm formen, in Frischhaltefolie wickeln und 30 Minuten in den Kühlschrank legen.

4. Den Backofen auf 170 °C Ober-/Unterhitze vorheizen.

5. Die Rolle auf ein mit Backpapier belegtes Blech legen und 30 Minuten im Ofen backen.

6. Blech aus dem Ofen nehmen, Teig auf dem Blech 20 Minuten abkühlen lassen, dann mit einem scharfen Sägemesser 1 cm dicke Scheiben von der Rolle abschneiden. Cantuccini wieder auf das Backblech legen und 5 Minuten im Ofen backen, dann einmal wenden und weitere 5 Minuten backen. Cantuccini aus dem Ofen holen und auf einem Kuchengitter auskühlen lassen.

Haferflocken-Cranberry-Cookies

Diese weichen Cookies backe ich eigentlich das ganze Jahr über. Wenn du sie probiert hast, wirst du verstehen, warum. Die Kombination aus Haferflocken, Cranberrys und Haselnuss ist super lecker und passt einfach immer. Für Weihnachten kommt allerdings noch etwas Muskatblüte dazu.

....

FÜR CA. 25 STÜCK

....

Zutaten:

1 EL Sojamehl
2 EL Wasser
150 g vegane Butter
50 getr. Cranberrys
75 g brauner Zucker
75 g Zucker
150 g kernige Hafer-
flocken
100 g gem. Haselnüsse
2 EL Weizenmehl
1 TL Vanilleextrakt
½ TL gem. Muskatblüte
1 TL Backpulver

1. Sojamehl in einer Tasse mit dem Wasser verrühren. Die vegane Butter in einem Topf schmelzen. Die Cranberrys grob hacken.

2. Alle Zutaten in eine Schüssel geben und mit einem Kochlöffel gut verrühren.

3. Ein Backblech mit Backpapier auslegen und den Backofen auf 180 °C Ober-/Unterhitze vorheizen.

4. Mit einem Löffel walnussgroße Teigportionen abnehmen und mit den Händen zu Kugeln drehen. Kugeln auf das Blech setzen und mit der Hand etwas flach drücken. Cookies 12–13 Minuten im Ofen backen. Herausnehmen und auf dem Blech auskühlen lassen.

Pekan-Toffee-Plätzchen

Meine Pekan-Toffee-Plätzchen sind etwas »exotischer« als normale Kekse und auch ein wenig aufwendiger in der Herstellung. Aber sie schmecken so unglaublich lecker, dass die Arbeit in der Küche schnell vergessen ist.

....

FÜR CA. 25 STÜCK MIT Ø 5 CM

....

Zutaten:

Für den Teig:

100 g kalte vegane Butter
50 g brauner Zucker
150 g Weizenmehl
plus mehr für die
Arbeitsfläche
½ TL gem. Vanille

Für das Karamell:

120 g kalte vegane Butter
200 g Zucker
4 EL Wasser
120 ml Sahneersatz
100 g Pekannusskerne
½ TL gem. Zimt

Zum Garnieren:

50 g Zartbitterkuvertüre

1. Den Backofen auf 180 °C Ober-/Unterhitze vorheizen.

2. Für den Teig die vegane Butter in Würfel schneiden. Mit den restlichen Zutaten in eine Schüssel geben und mit dem Handrührgerät zu einem glatten Teig verkneten.

3. Teig auf der leicht bemehlten Arbeitsfläche ca. 5 mm dick ausrollen. Mit einem runden Ausstecher (Ø 5 cm) Kreise ausstechen und auf ein mit Backpapier ausgelegtes Backblech setzen. Plätzchen im Backofen 8–9 Minuten backen, bis der Rand leicht Farbe bekommt. Aus dem Ofen nehmen und auf dem Blech komplett auskühlen lassen.

4. Für das Karamell die vegane Butter in Würfel schneiden. In einem kleinen Topf Zucker und Wasser verrühren und 8 Minuten köcheln lassen. Die vegane Butter dazugeben und schmelzen lassen. Den Sahneersatz ebenfalls dazugeben und einrühren. Mischung weitere 5 Minuten blubbernd köcheln lassen.

5. Die Pekannüsse grob hacken und mit dem Zimt unterrühren. Topf vom Herd nehmen. Jeweils 1 TL Karamell auf jedes Plätzchen setzen und auskühlen lassen.

6. Die Schokolade in eine Metall- oder Glasschüssel geben und im heißen Wasserbad schmelzen. Die abgekühlten Kekse damit besprenkeln.

Lebkuchen-Tiramisu

Tiramisu verbinden die meisten mit Sommer. Hier stelle ich dir eine weihnachtliche Variante vor – mit Schokoladen-Gewürz-Boden, Espresso mit einem Hauch Amaretto und einer Creme, die sich hinter der sommerlichen Ausführung garantiert nicht zu verstecken braucht!

....
FÜR 1 AUFLAUFFORM VON CA. 20 X 30 CM GRÖSSE
....

Zutaten:

Für den Teig:

250 g Weizenmehl
25 g Backkakao
1 EL Backpulver
¼ TL Natron
1 TL gem. Vanille
1 EL Lebkuchengewürz
50 g sehr weiche vegane Butter
80 g Rohrzucker
80 g Zucker
300 ml Mineralwasser mit Kohlensäure

Zum Tränken:

100 ml starker Espresso
50 g Zucker
50 ml Amaretto

1. Ein Backblech mit Backpapier auslegen und den Backofen auf 170 °C Ober-/Unterhitze vorheizen.

2. Mehl in eine Schüssel sieben und mit Kakao, Backpulver, Natron, Vanillepulver und Lebkuchengewürz vermischen.

3. In einer zweiten Schüssel vegane Butter und Zucker mit dem Handrührgerät verrühren. Das Sprudelwasser und die Mehlmischung dazugeben. Alles kurz zu einem glatten Teig rühren. Auf das Backblech gießen und 1 cm dick verstreichen. Teig im Ofen 12 Minuten backen (Stäbchenprobe), dann aus dem Ofen nehmen, auf ein Geschirrtuch stürzen und das Backpapier abziehen. Komplett auskühlen lassen.

4. Den Espresso in einer Schüssel mit Zucker und Amaretto vermischen.

5. Für die Creme alle Zutaten in eine Schüssel geben und mit dem Handrührgerät zu einer glatten Creme verrühren. Im Kühlschrank kalt stellen, bis der Teig abgekühlt ist.

6. Den Boden einer Auflaufform komplett mit Biskuitteig auslegen. Den Teig mit einem Holzstäbchen oder einem scharfen Messer mehrmals einstechen. Mit einem Backpinsel etwas Espresso darauf verstreichen, sodass der Teig schön durchtränkt ist. ⅓ der Creme darauf verteilen. Erneut Teig auf die

Für die Creme:

400 g Seidentofu

250 g veganer Frischkäse

150 ml gesüßter
Sahneersatz

1 TL gem. Vanille

¼ Fläschchen
Bittermandelaroma

150 g Zucker

Zum Bestäuben:

Kakaopulver

Creme geben (den Teig ruhig in Stücken daraufsetzen), mit Espresso tränken und ⅓ der Creme
daraufgeben. Diesen Vorgang noch einmal wieder-
holen. Zum Schluss die übrige Creme in einen
Spritzbeutel mit großer Lochtülle füllen und große
Tuffs aufspritzen.

7. Tiramisu mindestens 3 Stunden im Kühlschrank
durchziehen lassen. Wenn noch Biskuit übrig ist,
kleine Motive zur Deko ausstechen.

8. Tiramisu kurz vor dem Servieren mit Kakaopulver
bestäuben und mit Biskuitmotiven garnieren.

Einfache »Butter«-Plätzchen

Traditionell gehören zu Weihnachten die herrlich knusprigen Butter-Plätzchen. Die Zubereitung ist ganz unkompliziert, daher können sich schon kleine Bäcker bestens daran versuchen. Außerdem macht das Ausstechen mit unterschiedlichen Formen einfach großen Spaß. Mit meinem Rezept und der richtigen Butteralternative (mehr dazu Seite 5) bekommst du die Plätzchen genauso gut hin wie das Original.

FÜR 3 BACKBLECHE

Zutaten:

Für den Teig:

300 g Weizenmehl
plus mehr für die
Arbeitsfläche
200 g kalte vegane Butter
100 g Zucker

Aroma nach Belieben:

1 TL Vanilleextrakt oder
½ Fläschchen Rum-,
Butter-Vanille-,
Bittermandel- oder
Zitronen-Aroma oder
1 TL gem. Zimt,
Lebkuchengewürz etc.

Zum Garnieren:

200 g Puderzucker
2–3 TL Pflanzendrink
oder Saft
Lebensmittelfarben
bunte Zuckerstreusel

1. 3 Backbleche mit Backpapier auslegen und den Backofen auf 180 °C Ober-/Unterhitze vorheizen

2. Das Weizenmehl in eine Schüssel sieben. Die vegane Butter in Würfel schneiden, mit den restlichen Teigzutaten dazugeben und mit dem Handrührgerät zu einem glatten Teig verkneten. Teig auf der leicht bemehlten Arbeitsfläche 5 mm dick ausrollen und mit Ausstechformen nach Belieben Plätzchen ausstechen. Plätzchen auf die Bleche setzen und 8–10 Minuten im Ofen backen, bis die Ränder leicht Farbe annehmen. Aus dem Ofen nehmen, auf dem Blech etwas abkühlen lassen, dann auf ein Kuchengitter umsetzen und komplett auskühlen lassen.

3. Für den Guss den Puderzucker in eine Schüssel sieben und nach und nach Pflanzendrink unterrühren, bis ein zäher Guss entsteht. Nach Belieben mit Lebensmittelfarbe einfärben und die Kekse damit streichen. Den Guss mit Zuckerperlen bestreuen und gut austrocknen lassen.

Linzer Plätzchen

Diese Marmeladenkekse oder Spitzbuben dürfen auf dem Plätzchenteller nicht fehlen!

FÜR 16 STÜCK MIT Ø 6 CM

Zutaten:

250 g weiche vegane Butter

130 g Zucker

1 EL Sojamehl

2 EL Wasser

¼ Fläschchen Butter-vanille-Aroma

1 Prise Salz

380 g Weizenmehl plus mehr für die Arbeitsfläche

rote Marmelade ohne Stücke

Puderzucker zum Bestäuben

1. Vegane Butter in Würfel schneiden, mit dem Zucker in eine Schüssel geben und mit dem Handrührgerät verrühren. Das Sojamehl in einer Tasse mit dem Wasser vermischen und dazugeben. Aroma, Salz und Mehl zufügen und alles zu einem glatten Teig verkneten. In Frischhaltefolie gewickelt 30 Minuten in den Kühlschrank legen.

2. 2 Backbleche mit Backpapier auslegen und den Backofen auf 180 °C Ober-/Unterhitze vorheizen.

3. Auf einer leicht bemehlten Arbeitsfläche die Hälfte des Teiges ca. 3 mm dick ausrollen. Den restlichen Teig wieder in den Kühlschrank stellen.

4. Mit Ausstechern Plätzchen ausstechen, mit etwas Abstand zueinander auf die Backbleche setzen und 8–10 Minuten im Ofen backen, bis sie ganz leicht Farbe angenommen haben. Auf dem Blech 5 Minuten abkühlen lassen, dann auf ein Kuchengitter setzen und komplett auskühlen lassen.

5. Restlichen Teig aus dem Kühlschrank nehmen, ausrollen und Plätzchen ausstechen. Mit einer kleinen Ausstechform in der Mitte ein Fenster für die Marmelade ausstechen. Plätzchen auf die Backbleche setzen, 8–10 Minuten backen. Auskühlen lassen.

6. Die Marmelade glatt rühren und auf jedes Plätzchen ohne Loch ½ TL Marmelade in die Mitte klecksen. Die Kekse mit dem Loch mit Puderzucker bestäuben und mit der nicht gezuckerten Seite auf die Marmelade setzen. Vorsichtig etwas andrücken.

Mini-Mandelhörnchen

Mandelhörnchen in einer weihnachtlichen Variante konnte ich mir nicht verkneifen.

FÜR CA. 20 MINIHÖRNCHEN

Zutaten:

200 g Marzipanrohmasse
100 g Puderzucker
1 TL Bio-Orangenschale
½ TL gem. Zimt
1 Messerspitze gem.
 Kardamom
¼ TL Lebkuchengewürz
¼ TL Vanille-Extrakt
100 g gem. Mandeln
40 ml Pflanzendrink
100–150 g gehobelte
 Mandeln
100 g dunkle Kuchen-
 glasur

1. Das Marzipan grob in Würfel schneiden. Mit Puderzucker, Orangenschale, Gewürzen, Mandeln und Pflanzendrink in eine Schüssel geben und mit dem Handrührgerät zu einem glatten Teig verkneten. Teig in Frischhaltefolie wickeln und 30 Minuten in den Kühlschrank stellen.

2. Ein Backblech mit Backpapier auslegen und den Backofen auf 190 °C Ober-/Unterhitze vorheizen.

3. Die Mandelblättchen in eine flache Schale füllen, in die die Hörnchen hineinpassen.

4. Den Teig in 20 Portionen aufteilen. Eine kleine Schüssel mit Wasser bereitstellen. Aus dem Teig mit angefeuchteten Händen (dann klebt der Teig weniger) Kugeln formen, diese zu etwa 8 cm langen Schlangen rollen und dann zu Hörnchen biegen. Diese etwas flach drücken und in den gehobelten Mandeln wenden. Mandeln leicht andrücken.

5. Hörnchen auf das Backblech legen und 10–15 Minuten im Ofen backen, bis sie goldgelb sind. Je bräunlicher (nicht dunkel) sie werden, desto aromatischer schmecken sie! Hörnchen aus dem Ofen nehmen, auf dem Blech abkühlen lassen, nach etwa 30 Minuten auf ein Kuchengitter umsetzen und komplett auskühlen lassen.

6. Kuchenglasur in eine Metall- oder Glasschüssel geben. Im heißen Wasserbad schmelzen. Die Enden der Hörnchen eintauchen. Hörnchen auf Backpapier setzen, Schokolade fest werden lassen.

Spritzgebäck-Blüten

Eigentlich sollten diese Blüten an Weihnachtssterne erinnern. Mit viel Fantasie und dem Wissen, dass sie dies darstellen sollen, kannst du vielleicht sogar Weihnachtssterne erkennen. Aber auf jeden Fall schmecken sie sehr lecker.

....

FÜR CA. 30 STÜCK

....

Zutaten:

- 130 g weiche vegane Butter
- 120 g Zucker
- 1 EL Sojamehl
- 2 EL Wasser
- ½ TL gem. Vanille
- 250 g Weizenmehl
- 2 EL Mandeldrink
- ¼ Glas rote Marmelade ohne Stücke

1. 2 Backbleche mit Backpapier auslegen.

2. Vegane Butter und Zucker in eine Schüssel geben und mit dem Handrührgerät ca. 4 Minuten aufschlagen. Das Sojamehl in einer Tasse mit dem Wasser verrühren, dazugeben und gut vermischen. Vanille, Mehl und Mandeldrink zufügen. Sollte der Teig noch zu fest zum Spritzen sein, 1 oder 2 EL Mandeldrink zusätzlich einrühren.

3. Den Teig in einen Spritzbeutel mit mittelgroßer Sterntülle füllen. Auf die Backbleche gleich große Tuffs spritzen. Die Mitte etwas herunterdrücken, sodass später ein Klecks Marmelade hineinpasst.

4. Die Backbleche 20 Minuten in den Kühlschrank stellen.

5. Backofen auf 170 °C Ober-/Unterhitze vorheizen.

6. Die Blüten 12 Minuten im Ofen backen. Herausnehmen und abkühlen lassen.

7. Die Marmelade glatt rühren und bei jeder Blüte einen Marmeladenklecks in die Mitte setzen.

Bärenpfötchen

Orangen-Zimt-Gebäck mit einem leckeren Glühwein-Guss – ein echter Genuss. Wenn du eine Silikonform für Madeleines verwendet, sind ganz einfach und schnell gleich viele dieser kleinen Leckerbissen zubereitet.

....

FÜR 40 STÜCK

....

Zutaten :

50 g sehr weiche vegane Butter plus mehr für die Form
100 g Weizenmehl
20 g gem. Mandeln
80 g Zucker
½ TL Sojamehl
1 TL gem. Zimt
1 TL Bio-Orangenschale
130 ml Mandeldrink

Zum Garnieren:

100 g Puderzucker
1 TL Glühwein
evtl. etwas rosa Lebensmittelfarbe
Zuckerperlen

1. Den Backofen auf 175 °C Ober-/Unterhitze vorheizen. Die Silikonform mit ein wenig geschmolzener Butter einstreichen.

2. Alle Zutaten für den Teig in eine Schüssel geben und mit dem Handrührgerät zu einem glatten Teig verrühren. Den Teig in einen Spritzbeutel füllen und die Vertiefungen in der Form damit füllen. Bärenpfötchen 15 Minuten im Ofen backen. Dann herausnehmen, aus der Form lösen und mit etwas Abstand zueinander auf ein Kuchengitter legen und auskühlen lassen.

3. Puderzucker in eine Schüssel sieben und tropfenweise den Glühwein untermischen, bis ein cremiger Guss entsteht. Die Bärenpfötchen mit der dickeren Seite in den Guss tauchen und zum Trocknen auf Backpapier legen. Zum Schluss mit Zuckerperlen bestreuen.

Früchte-Nuss-Brot

Mehr Weihnachten geht nicht. Dieser Klassiker darf einfach nicht fehlen. Hier stecken so viele Aromen und unterschiedliche Texturen drin, dass es ein wahres Fest ist, in ein Stück mit dickem Zuckerguss zu beißen.

FÜR EINE KASTENFORM MIT 22 CM LÄNGE

Zutaten:

Für den Teig:

220 g Weizenmehl
2 TL Backpulver
1 gehäufter EL Lebkuchengewürz
2 EL Sojamehl
4 EL Wasser
100 g entkernte Datteln
60 g getr. Cranberrys
80 g getr. Aprikosen
100 g gemischte Nüsse (Walnuss-, Pekannuss-, Haselnusskerne, Mandeln)
80 g weiche vegane Butter
50 g Rohrzucker
100 ml Ahornsirup
30 ml Pflanzendrink
30 g Orangeat
30 g Zitronat

1. Den Backofen auf 180 °C Ober-/Unterhitze vorheizen und eine Kastenform mit Backpapier auskleiden.

2. Das Mehl in eine Schüssel sieben und mit dem Backpulver und dem Lebkuchengewürz vermengen.

3. Sojamehl in einer Tasse mit dem Wasser verrühren. Die getrockneten Früchte in grobe Würfel schneiden. Die Nüsse grob hacken.

4. Vegane Butter und Zucker in eine Schüssel geben und mit dem Handrührgerät verrühren. Ahornsirup, Pflanzendrink und Sojamischung dazugeben und untermischen. Mehlmischung ebenfalls zufügen und alles gut verrühren. Zum Schluss die Früchte, Orangeat, Zitronat und Nüsse unterheben.

5. Den Teig in die Form füllen, glatt streichen und 60 Minuten im Ofen backen (Stäbchenprobe).

6. In der Form komplett auskühlen lassen.

7. Puderzucker in eine Schüssel sieben und nach und nach den Pflanzendrink einrühren, sodass ein zäher Guss entsteht. Auf den Kuchen träufeln, dabei den Teig seitlich etwas vom Rand lösen, sodass der Guss an manchen Stellen herablaufen kann. Guss fest werden lassen.

Zum Garnieren:

200 g Puderzucker
1 ½–2 ½ TL Pflanzendrink
rot und grün eingefärbtes
  Marzipan

8. Aus dem roten Marzipan 3 Kugeln rollen und aus dem grünen Marzipan mit dem Messer 4 gezackte Blätter ausschneiden. Blätter in der Mitte auf den Kuchen legen und die Kugeln daraufsetzen.

Bratapfel-Traum

Hier trifft sich das Beste aus der Weihnachtsbäckerei in einem Glas –
Elisenlebkuchen, Zimtstern, Bratapfel und cremiger Mandelpudding.

....

FÜR 4 GLÄSER À 430 ML

....

Zutaten:

Für den Pudding:
500 ml Mandeldrink
80 g Zucker
1 ½ Päckchen Vanille-
    puddingpulver
100 g gem. Mandeln
100 ml gesüßter
    Sahneersatz

Für die Zimtsterne:
25 g Puderzucker
90 g gem. Haselnüsse
1 EL Mandeldrink
½ TL gem. Zimt

Für die Elisenlebkuchen:
25 g Rohrzucker
20 g gem. Mandeln
35 g gem. Haselnüsse
1 gemischter EL
    Orangeat + Zitronat
¼ TL Sojamehl
¼ TL Backkakao
½ TL Lebkuchengewürz

1. Aus Mandeldrink, Zucker und Vanillepuddingpulver nach Packungsanleitung einen Pudding kochen. Zum Schluss die gemahlenen Mandeln unterrühren. Pudding komplett auskühlen lassen.

2. Sahneersatz in eine Schüssel geben und mit dem Handrührgerät steif schlagen. Wenn der Pudding kalt und fest ist, mit dem Handrührgerät einmal durchmixen. Dann die Sahne unterheben.

3. Die Zutaten für die Zimtsterne und die Elisenlebkuchen jeweils in Rührschüsseln geben und mit dem Handrührgerät verkneten.

4. Beide Teige nebeneinander auf ein mit Backpapier belegtes Backblech geben und ca. 5 mm dick ausrollen. 10 Minuten im Ofen backen, dann herausnehmen und auskühlen lassen.

5. Die Äpfel schälen, entkernen und in mundgerechte Würfel schneiden. Mit Apfelsaft, Gelierzucker und Rosinen in einen Topf geben und ca. 8 Minuten köcheln lassen, bis die Äpfel weich sind.

6. Das Marzipan würfeln, dazugeben und in der heißen Masse schmelzen. Zum Schluss die Mandeln unterheben. Masse abkühlen lassen.

Für die Bratäpfel:

3 große säuerliche, feste
   Äpfel
80 ml Apfelsaft
3 EL Gelierzucker
2 EL Rosinen
100 g Marzipan
2 EL Mandelstifte

Zum Garnieren:

100 ml gesüßter
   Sahneersatz

7. Die Teigplatten grob zerbröseln. Alles in Gläser schichten: Zuerst eine Schicht Pudding mit einem Esslöffel in jedes Glas geben. Darauf Lebkuchenstückchen bröseln. Anschließend 2 EL Bratapfelmasse, wieder Pudding, dann Zimtsternstücke und Bratapfel in das Glas geben.

8. Den Sahneersatz in einer Schüssel mit dem Handrührgerät steif schlagen und auf den Gläsern verteilen.

Spekulatius
Creme

Spekulatius-Aufstrich

Für alle, die von crunchy Spekulatius nicht genug bekommen, ist diese einfache Creme genau das Richtige. Sie eignet sich auch bestens zum Verschenken

....

FÜR EIN GLAS À 130 ML

....

Zutaten:

- 100 g Spekulatius (siehe Seite 18 oder gekaufte Kekse)
- 50 g sehr weiche vegane Butter
- 30 g Mandelmus
- 1 Prise Salz
- ½ TL Vanille-Extrakt
- ¼ TL gem. Zimt

1. Die Spekulatius mit einem Multizerkleinerer fein zermahlen oder in einen Gefrierbeutel füllen und mit einem Nudelholz zerdrücken.

2. Die restlichen Zutaten in einer Schüssel verrühren. Die gemahlenen Kekse unterheben.

3. Aufstrich in ein verschließbares Glas füllen und im Kühlschrank aufbewahren. Er hält sich ca. 14 Tage.

Zimtkringel

Das sind eigentlich keine typischen Weihnachtsplätzchen. Aber der Mürbeteig ist nicht nur schnell zubereitet und gebacken, die Zucker-Zimt-Mischung schmeckt auch so lecker dazu, dass ich dir das Ganze nicht vorenthalten möchte.

....

FÜR CA. 40 STÜCK

....

Zutaten:

Für den Mürbeteig:
100 g plus 2 EL kalte
   vegane Butter
½ TL Sojamehl
1 EL Wasser
150 g Weizenmehl
   plus mehr für die
   Arbeitsfläche
50 g Zucker

Für die Füllung:
50 g Zucker
½ TL gem. Zimt
1 Messerspitze gem.
   Kardamom

1. 100 g vegane Butter in Würfel schneiden, die restliche vegane Butter in einem Topf schmelzen und abkühlen lassen. Das Sojamehl in einer Tasse mit dem Wasser verrühren.

2. Die gewürfelte vegane Butter, die Sojamischung, Mehl und Zucker in eine Schüssel geben und mit dem Handrührgerät zu einem glatten Teig verkneten. Teig auf einer leicht bemehlten Arbeitsfläche 3–4 mm dick ausrollen und dünn mit der geschmolzenen Butter bestreichen.

3. Für die Füllung Zucker, Zimt und Kardamom in einer Schüssel vermischen. Gleichmäßig über dem Teig verteilen. Den Teig von der langen Seite her eng aufrollen, in Frischhaltefolie wickeln und 60 Minuten im Kühlschrank kalt stellen.

4. Den Backofen auf 180 °C Ober-/Unterhitze vorheizen und ein Backblech mit Backpapier auslegen.

5. Die Teigrolle mit einem scharfen, glatten Messer in ca. 5 mm dicke Scheiben schneiden. Scheiben auf das Backblech legen und 12–14 Minuten im Ofen backen, bis die Ränder leicht Farbe annehmen.

Fruchtige Nussecken

Nüsse vertragen eine ordentliche Portion Winteraromen. Dazu gibt es etwas Fruchtiges und eine herbe Orangenmarmelade, die dem Ganzen meines Erachtens das besondere Etwas gibt.

....

FÜR EINE FLACHE FORM VON 25 X 30 CM GRÖSSE

....

Zutaten:

Für den Teig:

220 g Weizenmehl
1 EL Sojamehl
2 EL Wasser
1 gestr. TL Backpulver
100 g weiche vegane
    Butter
100 g Zucker
2 EL Pflanzendrink

Für die Nuss-Frucht-Schicht:

150 g vegane Butter
150 g Rohrzucker
150 g gehackte
    Haselnüsse
50 g gem. Haselnüsse
50 g gem. Mandeln
1 TL Spekulatiusgewürz
1 TL gem. Zimt
½ TL gem. Vanille
25 g Orangeat
25 g Zitronat

1. Die Backform am Boden und an den Seiten mit Backpapier auslegen. Den Backofen auf 180 °C Ober-/Unterhitze vorheizen.

2. Das Weizenmehl in eine Schüssel sieben. Das Sojamehl in einer Tasse mit dem Wasser verrühren und mit den restliche Teigzutaten zum Mehl geben. Mit dem Handrührgerät zu einem glatten Teig verarbeiten. Diesen in die Form legen und mithilfe eines kleinen Teigrollers gleichmäßig ausrollen. Die Orangenmarmelade daraufgeben und verstreichen.

3. Für die Nuss-Frucht-Schicht die vegane Butter in einem Topf schmelzen. Mit dem Zucker in eine Schüssel geben und gut verrühren. Nüsse, Mandeln, Gewürze, Orangeat und Zitronat unterheben. Die Mischung auf dem Teig verteilen und glatt streichen.

4. Teig in den Ofen schieben und 25–28 Minuten backen, bis die Nüsse zu duften beginnen. Form aus dem Ofen nehmen und Teig 15 Minuten abkühlen lassen. Den Teig in der Form zuerst in Streifen, dann in Dreiecke schneiden und diese komplett auskühlen lassen.

Zusätzlich:

80 g Orangenmarmelade

100 g dunkle
   Kuchenglasur

5. Die Kuchenglasur in eine Metall- oder Glasschüssel geben und im heißen Wasserbad schmelzen. Die seitlichen Spitzen der Dreiecke in die Schokolade tauchen. Nussecken auf Backpapier legen und Schokolade trocknen lassen

Bibliografische Information der Deutschen Nationalbibliothek
Die Deutsche Nationalbibliothek verzeichnet diese Publikation in der Deutschen National-
bibliografie. Detaillierte bibliografische Daten sind im Internet über http://dnb.d-nb.de abrufbar.

Für Fragen und Anregungen
info@rivaverlag.de

Wichtiger Hinweis
Ausschließlich zum Zweck der besseren Lesbarkeit wurde auf eine genderspezifische Schreibweise
sowie eine Mehrfachbezeichnung verzichtet. Alle personenbezogenen Bezeichnungen sind somit ge-
schlechtsneutral zu verstehen.

Originalausgabe
1. Auflage 2021
© 2021 by riva Verlag, ein Imprint der Münchner Verlagsgruppe GmbH
Türkenstraße 89
80799 München
Tel.: 089 651285-0
Fax: 089 652096

Redaktion: Caroline Kazianka
Umschlaggestaltung: Isabella Dorsch
Umschlagabbildungen und Abbildungen im Innenteil: Stephanie Just
Satz: inpunkt[w]o, Haiger (www.inpunktwo.de)
Druck: Florjancic Tisk d.o.o., Slowenien
Printed in the EU

ISBN Print 978-3-7423-1970-8
ISBN E-Book (PDF) 978-3-7453-1700-8
ISBN E-Book (EPUB, Mobi) 978-3-7453-1701-5

**Wir produzieren
nachhaltig**
www.m-vg.de

Weitere Informationen zum Verlag finden Sie unter

www.rivaverlag.de

Beachten Sie auch unsere weiteren Verlage unter www.m-vg.de